(Chopin)

LE NOZZE
DI FIGARO,
O SIA
LA FOLLE GIORNATA.

COMEDIA per MUSICA

TRATTA DAL FRANCESE

IN QUATTRO ATTI.

DA RAPPRESENTARSI

Nei Teatri di Praga

l'Anno 1786.

Presso Giuseppe Emanuele Diesbach.

ATTORI.

Il Conte di ALMAVIVA,

La Conteſſa di ALMAVIVA.

SUSANNA, promeſſa Spoſa di

FIGARO.

CHERUBINO, Paggio del Conte.

MARCELLINA,

BARTOLO, Medico di Siviglia.

BASILIO, Maeſtro di muſica.

D. CURZIO, Giudice.

BARBARINA, figlia di

ANTONIO, Giardiniere del Conte, e
    Zio di Suſanna.

CORO di Paeſani.

CORO di Villanelle.

CORO di varj ordini di Perſone.

SERVI.

La Scena ſi rappreſenta nel Caſtello del
Conte di Almaviva.

La Muſica è del Signor Volfgango Mo-
zart, Maeſtro di Cappella, Tedeſco.
                  AT-

ATTO PRIMO.

SCENA I.

Camera non affatto ammobigliata, una fedia d'appoggio in mezzo.

Figaro con una misura in mano, e Sufanna allo specchio, che si sta mettendo un cappellino ornato di fiori.

Fig.   Cinque.. dieci .. venti .. trenta..
       Trenta sei .. quaranta tre.

Sus. Ora sì ch'io son contenta; *(frà sè*
     Sembra fatto inver per me. *(stessa*
     guardandosi nello specchio.

Guarda un po, mio caro Figaro,
Guarda adeſſo il mio cappello (*ſe-
guitando a guardarſi.*

Fig. Si mio core, or é piú bello:
Sembra fatto inver per te:
(Ah il mattino a le nozze vicino

(Quanto é dolce al $\frac{mio}{tuo}$ tenero ſpoſo

a 2 (Queſto bel cappellino vezzoſo,
(Che Suſanna ella ſteſſa ſi fé.

Suſ. Coſa ſtai miſurando,
Caro il mio Figaretto.

Fig. Io guardo ſe quel letto,
Che ci deſtina il Conte
Farà buona figura in queſto loco.

Suſ. E in queſta ſtanza?

Fig. Certo, a noi la cede
Generoſo il padrone:

Suſ. Io per me te la dono.

Fig. E la ragione?

Suſ. La ragione l'ho qui.   (*toccandoſi
la fronte.*

Fig. Perche non puoi
Far che paſſi un po quì? (*facendo*

Suſ. Perche non voglio.   *lo ſteſſo.*)
Sei tu mio ſervo, o no?

Fig. Ma non capiſco

       Per-

Perchè 'tanto ti fpiaccia
La più commoda ftanza del palazzo,
Suf. Perch'io fon la Sufanna, e tu fei pazzo,
Fig. Grazie; non tanti elogì: offerva un
poco
Se potr'afi ftar meglio in altro loco.
Se a cafo Madama
La notte ti chiama;
Din din; in due paffi
Da quella puoi gir.
Vien poi l'occafione
Che vuolmi il padrone,
Don don in tre falti
Lo vado a fervir.
Suf. Così fe il mattino
Il caro Contino,
Din din, e ti manda
Tre miglia lontan.
Din din, e a mia porta
il diavol lo porta,
Don don, e in tre falti,
Fg. Sufanna, pian pian,
Suf. Afcolta:
Fig. Fa prefto:
Suf (Se udir brami il refto
a 2 (Difcaccia i fofpetti
(Che torto mi fan.
Fig. (Udir bramo il refto

(I dubbi, i fofpetti
(Gelàre mi fan,

Suf. Or bene; afcolta, e taci.

Fig. Parla; che c'é di nuovo? (*inquieto.*

Suf. Il Signor Conte
Stanco di andar cacciando le ftraniere
Bellezze foraftiere,
Vuole ancor nel caftello
Ritentar la fuà forte,
Né già di fua conforte, bada bene,
Appetito gli viene;

Fig. E di chi dùnque?

Suf. De la tua Sufannetta.

Fig. Di te?   (*con forprefa.*)

Suf. Di me medefma; ed ha fperanza,
Che al nobil fuo progetto
Utiliffima fia tal vicinanza,

Fig. Bravo! tiriamo àvanti.

Suf. Quefte le grazie fon, quefta la cura
Ch'egli prende di te, della tua fpofa:

Fig. Oh guarda un po che carità pelofa!

Suf. E tu forfe credevi
Che foffe la mia dote
Merto del tuo bel mufo!

Fg. Me n'era lufingato.

Suf. Et la deftina
Per ottener da me certe mezz'ore...

Che

Che il diritto feudale ..!
Fig. Come! ne'feudi suoi
Non l'ha il Conte abolito?
Suf. Ebben, ora é pentito, e par che voglia
Riscattarlo da me: -
Fig, Bravo! mi piace!
Che caro Signor Conte!
Ci vogliam divertir: trovato avete ....
   (si sente suonare un campanello.
Chi suona? La Contessa.
Suf. Addio, addio.
Fi ... Fi ... caro bello;
Fig. Coraggio mio tesoro.
Suf. E tu cervello.   *(parte.*

S C E N A II.

Figaro solo,

Bravo, Signor Padrone! ora incomincio
   (passeggiando con foco per la came-
    ra, e fregandosi le mani.
A capir il mistero,...e a veder schietto
Tutto il vostro progetto: a Londra è
     vero?.
Voi Ministro, io Corriero, e la Su-
     sanna ...
Secreta ambasciatrice
  A 4   Non

Non farà, non farà. Figaro il dice,
Se vuol ballare,
    Signor Contino.
    Il Chitarrino,
    Le fuonerò.
Se vuol venire
    Ne la mìa fcola
    La capriola
    Le infegnerò.
Saprò . . ma pianò,
    Meglio ogni arcano
    Diffimulando
    Scoprir potrò.
L'arte fchermendo,
    L'arte adoprando,
    Di quà pungendo,
    Di là fcherzando.
    Tutte le machine
    Roverfcierò.
Se vuol ballare,
    Signor Contino
    Il Chitarrino
    Le fuonerò.   *(parte.*

SCE-

S C E N A III.

Bart. lo, è Marcellina con un contratto in mano.

Bart. Ed afpettafte il giorno
Fiſſato alle ſue nozze
Per parlarmi di queſto?
Mar. Io non mi perdo,
Dottor mio di coraggio:
Per romper de' ſponſali
Più avanzati di queſto
Baſtò ſpeſſo un preteſto: ed egli ha me.
Oltre queſto contratto,   (co,
Certi impegni .,. ſo io ..⁞. baſta or
                            conviene
La Suſanna atterrir; convien con árte
Impuntigliarla a rifiutare il Conte.
Egli per vendicarſi
Prenderá il mio partito,
E Figaro coſì fia mio marito.
Bart. Bene, io tutto farò: ſenza riſerve]
(prende il contratto dalle mani di Marcel.)
Tutto a me paleſate: (avrei pur guſto
Di dar per moglie la mia ſerva antica
A chi mi fece un dì rapir l'amica.)
La vendetta, oh la vendetta!
E' un piacer ſerbato ai ſaggi:
Ob-

Obbliar l'onte, e gli oltraggi
E' baffezza, è ognor viltá.
Co l'aftuzia, co l' arguzia...
Col giudizio... col criterio...
Si potrebbe.. il fatto é ferio...
Ma credete fi farà.
Se tutto il codice
Dovefli volgere,
Se tutto l'indice
Dovefli leggere,
Con un equivoco,
Con un finonimo
Qualche garbuglio
Si troverà.
Tutta Siviglia
Conofce Bartolo:
Il birbo Figaro
Voftro farà.   (*parte.*

SCENA IV.

Marcellina, poi Sufanna con cuffia da don-
na, un naftro, e un abito da donna.

Mar. Tutto ancor non ho perfo:
Mi refta la fperanza,
Ma Sufanna fi avanza, io vo provarmi...
Fingiam di non vederla..   (*piano.*
E quella buona perla.   *forte.*

La

La vorrebbe sposar!
Suf. Di me favella.   (resta in dietro.
Mar. Ma da Figaro al fine:
Non può meglio sperarsi, argent fait tout.
Suf. (Che lingua! manco male
Che ognun sa quanto vale.)
Mar. Bravo! questo é giudizio!
Con quegli' occhi modesti,
Con quel mesto Visino,
E poi...
Suf. Seguiti pur.   (Susanna s'avanza.
Mar. Ohá lei m'inchino.   (con caricatura.
Suf. Parvemi udire,   (Susanna la contrafà.
Che geloso furore il cor gli'affanna.
Mar. Io gelosa!
Suf. Si fà.
Mar. Quanto s'inganna.
Signora mia garbata   (Burlandola.
Vuol mettersi con me?
Davvero l'à Sbagliata,
Gran Diferenza c' é.
E' ver, che del Padrone
Lei à la grazia intiera.   (Maliziosa-
Ma ognuna in tal maniera   (mente
Tal grazia aver potrà.
        (fa una riverenza, e parte.

Scena

SCENA V.

Sufanna, e poi Cherubino.

Suf. Va lá, donna pedante,
  Dottoreffa arrogante,
  Perchè hai letti due libri,
  E feccata Madama in gioventú.
Cher. Sufanetta fei tu? (*efce in fretta.*)
Suf. Son io, cofa volète?
Cher. Ah cor mio, che accidente!
Suf. Cor voftro! cofa avvenne?
Cher. Il Conte jeri
  Perchè trovommi fol con Barbarina.
  Il congedo mi diede:
  E fe la Conteffina.
  La mia bella comare
  Grazia non m'intercede. io vado via,
  Io non ti vedo piú, Sufanna mia!
                    (*con anfieta.*)
Suf. Non vedete piú me! bravo! ma dun-
                    que
  Non piú per la Conteffa
  Secretamente il voftro cor fofpira?
Cher. Ah che troppo rifpetto ella m'ifpira!
  Felice te che puoi!
  Vederla quando vuoi!
  Ah fe in tuo loco ...
                    (*con un fofpiro.*)

Cos' hai lì? dimmi un poco...

Suf. Ah il vago náſtro, e la notturna cuffia.

(*imitantolo.*

Di comare sì bella.

Cber. Deh dammela forella, (*Cber. toglie il*
naſtro di mano a Suf.)

Dammela per pietá.

Suf. Preſto quel naſtro. (*Suf. vuol ripren-*
dei glielo; egli ſi mette agirare
intorno la ſedia.

Cber. O caro, o bello, o fortunato naſtro!
Io non tel renderò che co la vita!
(*bacia, e ribacia il naſtro.*

Suf. Cos' é queſta inſolenza. *Seguita a*
corrergli dietro. ma poi ſi arreſta
come foſſe ſtanca.)

Cber. Eh via. ſta cheta!
In ricompenſa poi
Queſta mia canzonetta io ti vo dare.

Suf. E che ne debbo fare?

Cber. Leggila alla padrona;
Leggila tu medeſima,
Leggila a Barbarina, a Marcellina;
Leggila ad ogni donna del palazzo:
(*con traſporti di gioja.*

Suf. Povero Cherubin, fiete voi pazzo?
(*Cber. Va pèr partire, e vedendo il Conte*
di lontano, torna indietro impau-
rito, e ſi naſconde dietro la ſedia.

S C E N A VI.

Cherubino, Sufanna, e poi il Conte.

Cher. Ah fon perduto!

Suf. Che timor!.. il Conte! (*Sufanna cerca mafcherar Cherubino.*

Mifera me!

Il Con. Sufanna, tu mi fembri
Agitata, e confufa.

Suf. Signor.. vi chiedo fcufa..
Ma.. fe mai.. qui forprefa..
Per carità! partite,

il Con. Un momento, e ti lafcio.
Odi. (*fi mette a federe fulla fedia, prende Sufanna per la mano, ella fi diftacca con forza.*

Suf. Non odo nulla.

il Con. Due parole. Tu fai
Che Ambafciatore a Londra
Il Re mi dichiarò; di condur meco
Figaro deftinai ...

Suf. Signor, fe ofaffi ... (*timida.*

il Con. Parla, parla mia cara, e con quel
dritto (*il Conte forge*
Ch'oggi prendi fu me fin che tu vivi.
Chiedi, imponi, prefcrivi. *con tenerezza, e tentando di riprenderle la mano,*
Suf.

Suf. Lafciatemi Signor ; dritti non prendo,
Non ne vo, non ne intendo .. oh me infelice !   *(con fmanio.)*

il Con Ah no Sufanna, io ti vo far felice !
Tu ben fai quànto io t'amo : a te Bafilio.
        (come fopra.)

Tutto già diffe, or fenti
Se per pochi momenti
Meco in giardin full imbrunir del gior-
no. ...
Ah per quefto favore io pagherei...

Baf. E'ufcito poco fa.   *(Dentro le quinte.*

il Con. Chi parla ?

Suf. Oh Dei !

il Con. Efci, e alcun non entri :

Suf. Ch'io vi lafci qui folo ?   *(inquietiffima.*

Baf. Da Madama ei farà, vado a cercarlo.
        (come fopra.

il Con. Quí dietrò mi porrò. *(addìta la fedia.*

Suf. Non vi celate.

il Con. Taci, e cerca che ei parta.   *(Il Conte*
vuol nafconderfi dietro il fedile : Su-
fanna si frappone tra il paggio, e
lui : il Conte la fpinge dolcemente.
Ella rincula, intanto il paggio paffa
al davanti del fedile, fi mette dentro,
Sufanna il ricopre colla veftaglia.

Suf. O hime! che fate ?

            SCE=

SCENA VII.

I Sudetti, e Basilio.

Bas. Susanna, il ciel vi salvi: avreste a caso
Veduto il Conte?

Sus. E cosa
Deve far meco il Conte? animo uscite.

Bas. Aspettate, sentite.
Figaro di lui cerca:

Sus. (Oh stelle) ei cerca
Chi dopo voi più l'odia.

il Con. (Veggiam come mi serve,)

Bas. Io non ho mai ne la moral sentito
Ch'uno ch'ama la moglie odj il marito.
Per dir che il Conte v'ama...

Sus. Sortite, vil ministro
De l'altrui sfrenatezza: io non ho d'uopo.
De la vostra morale,
del Conte, del suo amor ...   (con risen-
                                         timento.

Bas. Non c'é alcun male.
Ha ciascun i suoi gusti, io mi credea
Che preferir doveste per amante,
Come fan tutte quante,
Un Signor liberal, prudente, e saggio,
A un giovinastro, a un paggio...

Sus. A Cherubino!   (con ansieta.)

                                         Bas.

Uom maligno   (*con forza.*
Un' impoſtura è queſta.

Baſ. E' un maligno con voi chi ha gli occhi
                 in teſta.

E quella canzonetta?
Ditemi in confidenza; io ſono amico,
Ed altrui nulla dico;
E' per voi . per Madama ...

Suſ. (Chi diavol glie l'ha detto)? (*moſtra*
               dello ſmarrimento)

Baſ. A propoſito, figlia,
Iſtruitelo meglio; egli la guarda
A tavola sì ſpeſſo,
E con tale immodeſtia,
Che ſe il conte s'accorge ..., ehi fu tal
               punto,

Sapete, egli é una beſtia.

Suſ. Scellerato!
E perchè andate voi
Tai menzogne ſpargendo?

Baſ. Io! che ingiuſtizia! quel che compro
               io vendo.

A quel che tutti dicono
Io non ci aggiungo un pelo:

il Con. Come che dicon tutti!   (*forte dal*
Baſ. Oh bella!   *loco etc.*)
Suſ. Oh Cielo!

il Con. Cofa fento! tofto andate,
　　　E fcacciate il feduttor.　　　(*Bafilio.*

Baf. In mal punto fon quì giunto,
　　　Perdonate, o mio Signor.

Suf. Che ruina, me mefchina,
　　　Son oppreffa dal terror, (*Quafi fvenuta.*

il Con. 　　　(Ah già fvien la poverina!
　　　　　a 2
Baf. 　　　(Come oddio! le batte il cor!
　　　　(*Il Con. e Bafil. fo ftengono Sufanna.*

Baf. Pian pianin fu quefto feggio. (*Approf-*
　　　fimandofi al fedile in atto di farla
　　　federe.

Suf. Dove fono! cofa veggio! (*rinviene.*
　　　Che infolenza, andate fuor.　　　(*fi*
　　　　　　　　　ftacca da tutti due.

il Con. 　　　(Siamo qui per ajutarti,
　　　　　a 2
Baf. 　　　(Non turbarti, o mio tefor.
　　　　(Siamo qui per ajutarvi, (*con ma-*
　　　　(E ficuro il voftro onor.(*lignità.*

Baf. Ah del Paggio quel che ho detto
　　　　　　　　　　(*Al Conte.*

　　Era folo un mio fofpetto.

Suf. E un' infidia, una perfidia,
　　　Non credete a l'impoftor.

il Con. Parta parta il damerino!

Baf.　a 2 (Poverino!
Suf.　　　(

il Con. Pòverino!   *(ironicamente.*

    Ma da me forprefo ancor.

Suf. Come!

Baf. Che !

il Con. Da tua cugina

    L'ufcio jer trovai rinchiufo:

    Picchio, m'apre Barbarina

    Paurofa fuor de l'ufo.

    Io dal volto infofpettito,

    Guardo. cerco in ogni fito,

    Ed alzando pian pianino

    Il tappeto al tavolino,   *(Imita*

        il gefto colla veftaglia, e fcopre il

        paggio.

    Vedo il paggio ...

il Con. (Ah! cofa veggio!   *(con forprefa.*

Suf. a 3(Ah! crude ftelle !   *(con timore.*

Baf.   (Ah! meglio ancora. *con rifo.*

il Con. (Oneftiffima Signora!

    (Or capifco come và.

Suf. a 3(Accader non può di peggio;

    (Giufti Dei ! che mai farà!

Baf. (Cosí fan tutte le belle!

    (Non c'è alcuna novità.

il Con. Bafilio, in traccia fubito

    Di Figaro volate:

    Io vo ch'ei veda ... *addita Cherubino che*

        non fi muove di loco.

      B 2   *Suf.*

Suf. Ed io che fenta: andate: *(con vivezza.*

il Con. Reftate: che baldanza! e quale fcufa
Se la colpa é evidente?

Suf. Non ha d'uopo di fcufa un'innocente.

il Con. Ma Coftui quando uenne.

Suf. Egli era meco
Quando voi qui giungefte, e mi chiede:
D'impegnar la padrona
A intercedergli grazia: il voftro arrivo
In fcompiglio lo pofe,
Ed allor in quel loco ei fi nafcofe.

il Con. Ma s'io fteffo m'affifi
Quando in camera entrai!

Cher Ed allora di dietro io mi celai.
(timidam.

il Con. E quand' io la mi pofi?

Cher. Allor piano io mi volfi, e qui m'afcofi,

il Con. Oh Ciel! dunque ha fentito
Quello ch'io ti dice! *(a Suf.*

Cher. Feci per non fentir quanto potea.

il Con O perfidia!

Baf. Frenatevi: vien gente:

il Con. E voi reftate qui, picciol ferpente!
(Lo tira giù del fedile.

S C E N A VIII.

Figaro con bianca veste in mano: Coro di Contadine, e di contadini vestiti di bianco che spargono fiori, raccolti in piccioli pannieri, davanti il Conte, e cantano il seguente.

CORO.

Giovani liete,
 Fiori spargete
 Davanti il nobile
 Nostro Signor,
Il suo gran core
 Vi serba intatto
 D'un più bel fiore
 L'almo candor,

il Cor. Cos'e questa Comedia?   *(a Fig. con sorpresa.)*

Fig. (Eccoci in danza,
 Secondami, cor mio.)   *(a Suf. piano.*
Suf. (Non ci ho speranza.)
Fig. Signor, non isdegnate
 Questo del nostro affetto
 Meritato tributo; or che aboliste
 Un diritto sí ingrato a chi ben ama...

il Con. Quel dritto or non v'è più; cofa fi
                                        brama?

Fig. De la voftra faggezza il primo frutto
   Oggi noi coglierem : le noftre nozze
   Si fon già ftabilite : or a voi tocca
   Coftei che un voftro dono
   Illibata ferbò , coprir di queftà
   Simbolo d'oneftà, candida vefta.

il Con. Diabolica aftuzia !
   Ma fingere convien) fon grato amici
   Ad un fenfo sí onefto,
   Ma non merto per quefto
   Nè tributi, né lodi, e un dritto ingiufto
   Ne miei feudi abolendo
   A natura, al dover lor dritti io rendo.

Tutti Evviva : Evviva, Evviva !

Suf. Che virtú !   (*malignamente.*

Fig. Che giuftizia !

il Con. A voi prometto   (a *Figaro e Suf.*
   Compier la cerimonia
   Chiedo fol breve indugio: io voglio in
                                        faccia
   De' miei più fidi , e con più ricca pompa
   Rendervi appien felici.
   (Marcellina fi trovi.) andate, amici,
      I Contadini ripetono il Coro: *fpargono*
         il refto de' fiori, e partono.

   Evviva!

                                        Suf.

Suf. Evviva!

Baf. Evviva!

Fig. E voi non applaudite? (*a Cherubino.*

Suf. E afflitto poveretto,

 Perché il padron lo fcaccia dal caftello.

Fig, Ah in un giorno sí bello!

Suf. In un giorno di nozze!

Fig. Quando ognuno v'ammira!

Cber. Perdono mio Signor...   ((*s'in-*

il Con. Nol meritate.   (*ginoccbia.*

Suf. Egli é ancora fanciullo,

il Con. Men di quel ch' tu credi.

Cber. E ver mancai ; ma dal mio labbró al

        fine. . .

il Con. Ben ben ; io vi perdono. (*Lo alza.*

 Anzi faró di più ; vacante è un pofto

 D'uffizial nel reggimento mio ;

 Io fcelgo voi ; partite tofto : addio.

   (*Il Conte vuol partire , Suf. e Fig,*

   l'arreftano.

Suf.   (

Fig. a 2 (Ah fin domani fol...

il Con. No, parta tofto.

Cber. A ubbidirvi, Signor, fon già difpofto.

    (*con paffione, e fofpirando.*

Il Con· Via per l'ultima volta. (*Cherubino*

  abbraccia la Suf. cbe rimane confufa.

 La Sufanna abbracciate.

 (In ifpettato è il colpo,)   *Fig.*

Fg. E hi capitano,
   A me pure la mano; (io vo parlarti'
                  (*piano a Cherubino.*
   Pria che tu parta) addio
   Picciolo Cherubinò : (*con finta gioja.*
Come cangia in un punto il tuo deftino!
Non più andrai farfallone amorofo
   Notte, e giorno d'intorno girando:
   De le belle turbando il ripofo,
   Narcifetto, Adoncino d'amor,
Non più avrai quefti bei pennacchini,
   Quel cappello leggero e galante,
   Quella chioma, quell'aria brillante,
   Quel vermiglio, donnefco color.
   Tra guerrieri poffar Bacco!
   Gran muftacchi, ftretto facco,
   Schioppo in fpalla , fciabla al
                           fianco
   Collo dritto, mufo franco,
   Un gran cafco, ò un gran tur-
                           bante,
   Molto onor, poco contante,
   Ed in vece del fandango
   Una marcia per il fango,
   Per montagne, per valloni
   Con le nevi, e i follioni
   Al concerto di tromboni,
   Di bombarde di cannoni,
                              Che

Che le palle in tutti i tuoni
A l'orecchio fan fischiar,
Cherubino alla vittoria,
Alla gloria militar!

(*partono tutti al suono
di una marcia.*

Fine dell' Atto primo.

AT;

ATTO SECONDO.

SCENA I.

Camera ricca, con alcova e tre porte.

La Con. poi Suf. e poi Figaro.

la Con. Porgi amor qualche riſtoro
    Al mio duolo, a miei ſoſpir:
    O mi rendi il mio teſoro,
    O mi laſcia almen morir.
    Vieni, cara Suſanna,   (*Suſanna entra:*
    Finiſcimi l'iſtoria;
Suf. E già finita.
la Con. Dunque volle ſedurti?
Suf. Oh il Signor Conte
    Non fa tai complimenti
    Co le donne mie pari:
    Egli venne a contratto di danari.
la Con. Ah il crudel più non m'ama.
Suf. E come poi
    E geloſo di voi?
la Con: Come lo ſono
    I moderni mariti:

                       Per

Per fiftema infedeli;
Per genio capricciofi,
E per orgoglio poi tutti gelofi.
Ma fe Figaro t'ama .. ei fol potria ..
Fig. La lan la la lan la la lan lera   *(incomin-*
                    cia a cantare entro le quinte.
La lan la la lan la lan là.
Suf. Eccolo: vieni amico:
Madama impaziente ...
Fig, A voi non tocca   *(con ilare difin-*
Stare in pena per quefto.   *(voltura.*
Alfin di che fi tratta ? al Signor **Conte**
Piace la fpofa mia.
Indi fecretamente
Ricuperar vorria
Il diritto feudale:
Poffibile é la cofa, e naturale.
la Con. Poffibil !
Suf. Natural !
Fig. Naturaliffima.
E fe Sufanna vuol poffibiliffima.
Suf. Finifcila una volta:
Fig. Ho gia finito.
Quindi prefe il partito
Di fcieglier me corriero, e la Sufanna
Configliera fecreta d'ambafciata:
E perch' ella oftinata ognor rifiuta
Il diploma d'onor ch'ei le deftina

                            Mi-

Minaccia di protegger Marcellina.
Questo é tutto l'affare.
Suf. Ed hai coraggio di trattár scherzando
Un negozio sì serio?
Fig. Non vi basta,
Che scherzando io ci pensi ? Ecco il pro-
                                        getto,
Per Basilio un biglietto
Io gli fo capitar che l'avvertisça
Di certo appuntamento
Che per l'ora del ballo
A un amante voi deste.   *(alla Cont.*
la Con. Oh Ciel! che sento;
Ad un uom sì geloso !...
Fig. Ancora meglio,
Così potrem più presto imbarazzarlo,
Confonderlo, imbrogliarlo,
Rovesciargli i progetti,
Empierlo di sospetti, e porgli in testa
Che la moderna festa
Ch'ei di fare a me tenta altri a lui faccia;
Onde quá perda il tempo, ivi la traccia,
Così quasi ex abrupto, e senza ch'abbia
Fatto per frastornarci alcun disegno
Vien l'ora delle mozze, e in faccia a lei
                        (segnando la Contessa,
Non fia ch'osi d'opporsi ai voti miei.

                                        Suf.

Suf. E ver, ma in di lui vece
   S'opporrá Marcellina.
Fig. Aspetta : al Conte
   Farai subito dir che verso sera
   T'aspetti nel giardino:
   Il picciol Cherubino
   Per mio consiglio non ancor partito,
   Da femina vestito.
   Faremo che in tua vece ivi sen vada:
   Questa é l'unica strada
   Onde Monsù sorpreso da Madama
   Sia costretto a far poi quel che si brama.
la Con. Che ti par ?
Suf. Non c é mal.
la Con. Nel nostro caso: ...
Suf. Quand' egli é persuaso: ,.. e dove é
               il tempo ? ...
Fig. Ito é il Conte a la caccia; e per qualch'
               ora
   Non farà di ritorno: io vado, e tosto
   Cherubino vi mando; lascio a voi
            (*Sempre in atto di partire.*
   La cura di vestirlo.
la Con. E poi ?
Fig. E poi
      Se vuol ballare,
         Signor Contino,
         Il Chitarrino
         Le suonerò.   (*parte.*

SCENA II.

La Contessa, Susanna poi Cherubino.

la Con. Quanto duolmi, Susanna.
   Che questo giovinetto abbia del Conte
   Le stravaganze udire? ah tu non sai!...
   Ma per qual causa mai
   Da me stessa ei non venne?...
   Dov'é la canzonetta?
Sus. Eccola: appunto
   Facciam che ce la canti e
   Zitto: vien gente: è desso: avanti
                              avanti,
   Signor uffiziale.
Cher. Ah non chiamarmi
   Con nome sì fatale! ei mi rammenta
   Che abbandonar degg'io
   Comare tanto buona...
Sus. E tanto bella!
Cher. Ah..sì..certo....   (sospirando.
Sus. Ah .. sì..certo...ippocritone! (imi-
   Via presto, la canzone   (tandolo.
   Che stamane a me deste
   A Madama cantate.
la Con. Chi n'è l'autor?
Sus: Guardate, egli ha due braccia   (Ad-
   Di rossor sulla faccia.   ditando Cher.
                              la Con.

la Con. Prendi la mia Chitarra, e l'accom-
pagna.

Cher. In sono sì tremante.....
Me se Madama vuole....
Suf. Lo vuole, sì lo vuol.. manco parole.
(*La Sufanna fa il ritornello ful
Chitarrino.*

Cher. Voi che fapette
Che cofa è amor,
Donne vedete
S'io l'ho nel cor.
Quello ch'io pruóvo
Vi ridirò.
E per me nuovo
Capir nol fo
Sento un affetto
Pien di defir,
Ch'ora é diletto,
Ch'ora è martir.
Gelo, è poi fento
L'alma avvampar;
E in un momento,
Torno a gelar.
Ricerco un bene
Fuori di me,
Non fo chi'l tiene,
Non fo cos'è.
Sofpiro, e gemo

Sen-

Senza voler,
Palpito, e tremo
Senza saper.
Non trovo pace
Notte né dì,
Ma pur mi piace
Languir cosí.
Voi che sapete
Che cosa é amor,
Donne, vedere
S'io l'ho nel cor.

la Con. Bravo! che bella voce! io non sapea
Che cantaste sí bene.

Suf. Oh in verità
Egli fa tutto ben quello ch'ei fa.
Presto, a noi bel soldato:
Figaro v'informò ...

Cher. Tutto mi disse;

Suf. Lasciatemi veder: andrà beniffimo;
          (*Si misura con Cherubino.*
Siam d'uguale statura ...
Giù quel manto; (*Gli cava il manto.*

la Con. Che fai?

Suf. Niente paura.

la Con. E se qualcuno entrasse?

Suf. Entri, che mal facciamo?
La porta chiuderò.   Ma come poi
          (*Chiude la porta.*
                              Ac-

Acconciargli i capelli ?

la Con. Una mia cuffia

  Prendi nel gabinetto.

  Presto; Che carta é quella ?

> *(Susanna va nel gabinetto a pigliar*
> *una cuffia : Cherubino si accosta*
> *alla Contessa , e gli lascia ueder*
> *la patente che terrà in petto : la*
> *contessa la prende, la apre ; e vede*
> *che manca il sigillo.*

Cher. La patente.

la Con.. Che sollecita gente ?

Cher. L'ebbi or or da Basilio.

la Con. Da la fretta obbligato hanno il sigillo.

Sus. Il sigillo di che ?   *(Susanna forte.*

la Con. Della patente,

Sus. Cospetto! che premura:

  Ecco la cuffia :

la Con. Spicciati ; va bene :

  Miserabili noi , se il conte viene.

Sus. Venite, inginocchiatevi :

> *(Prende Cher , e se lo fa inginocchiare*
> *davanti poco discosto dalla Contessa che si ede.*

  Restate fermo lì.

  Pian piano or via giratevi :

> *(Lo pettina da un lato, poi lo prende*
> *pel mento e lo volge a suo piacere.*

  Bravo , va ben così,

La faccia ora volgeremi:

> *(Cherubino mentre Susanna lo sta*
> *acconciando guarda la Contes-*
> *sa teneramente.*

Olà quegli occhi a me:

Drittissimo: guardatemi.

> *(Seguita ad acconciarlo, e aporgli*
> *la cuaffia*

Madama qui non é.

Più alto quell colletto :..

Quel ciglio un po più basso ..

Le màni sotto il petto ...

Vedremo poscia il passo

Quando sarete in pié.

Mirate il bricconcello; *(Piano alla Con.*

Mirate quanto é bello!

Che furba guardatura,

Che vezzo, che figura!

Se l' amano le femine

Han certo il lor perchè. *(Tor-*
na in Gabinetto a prendere due buccoli

la Con. Quante lepidezze.

E bizzarie!

Ell' é tanto vivace, e manierosa,

Che s' ella é amata non é strana cosa.

Ehi, Susanna, Susanna? *(susanna forte*

Or quelle maniche

Oltre il gomito gli alza,

On.

Onde più agiatamente
L' abito gli fi adatti.

     (la Sufanna efeguifce & c.

Suf. Ecco.

la Con. Più indietro.

 Così; che naftro é quello? *(fcoprendo*
  un naftro, onde ha fafciato il braccio.

Suf. E quel ch' effo involommi.

la Con. E questo fangue?

Cher. Quel fangue..io non fo come...
 Poco pria sdrucciolando...
 In un faffo...La pelle io mi graffiai;
 E la piaga col naftro mi fafciai.

Suf, Moftrate; non é mal: cofpetto! ha il
        braccio
 Più candito del mio ! qualche ragazza

la Con. E fiegui a far la pazza?
 Va nel mio gabinetto, e prendi un poco
 D'inglefe tafetá, ch' é fullo fcrigno :
    (Sufanna parte in fretta.
 Inquanto al naftro...inver...per il co-
       lore...,

 (la Conteffa guarda un poco il fuo naftro :
 Mifpiacea di privarmene..,
    Cherubino inginocchiato la affer-
  va attentamente.

Suf. Tenete.   *(le dà il tafetá.*
 E da legargli il braccio? *(e le forbici.*

     C 2   la

la Con. Un altro naftro
Prendi infiem col veftito: (*Sufan. parte
per la porta ch'è in fondo, e porta
feco il mantello di Cher.*

Cher. Ah più prefto m' avria quello guarito!
la Con. Perchè? quefto é migliore!
Cher. Allor che un naftro...
Legò la chioma, over toccò la pelle..
D'oggetto...
la Con. Foraftiero   (*interrompendolo*
E' buon per le ferite! non é vero?
Guardate qualità ch'io non fapea!
Cher. Madama fcherza, ed io frattanto par-
la Con. Poverin! che fventura!   (*to:*
Cher. Oh me infelice!
la Con. Or piange!...   (*con affanno, e
commoffione.*
Cher. Oh Ciel! perchè morir non lice!
Forfe vicino all'ultimo momento...
Quefta bocca oferia!
la Con. Siate faggio: cos'è quefta follia?
(*gli afciuga gli occhi còl fazzoletto.*
Chi picchia a la mia porta?
il Con. Perché chiufa?   (*fuori della porta.*
la Con. Il mio Spofo: o Dei! fon morta!
Voi qui fenza mantello!
In quello ftato, un ricevuto foglio:,.
La fua gran gelofia!

il

il Con. Cofa indugiate?   (*con più forza.*

la Con. Son fola . anzi,. fon fola.. (*confufa*

il Con. E a chi parlate?

la Con. A voi… certo.. e voi ſteſſo…:

Cher. Dopo quel ch'é ſucceſſo , il ſuo fu.

Non trovo altro conſiglio !   (*rore..:*

(*Cherubino entra nel gabinetto.*

chiude: la Con. prende la chiave;

S C E N A III.

La Cont. e il Conte da cacciatore.

lu Con. Ah mi difenda il cielo in tal peri-

                    glio !

il Con. Che novitá ! non fu mai voſtra uſan-

Di rinchiudervi in ſtanza !   (*za*

la Con. E'ver; ma io ,.

  Io ſtava qui mettendo..

il Con. Via mettendo ..

la Con. Certe robe . , era meco la Suſanna;.

Che in ſua Camera é andata:

il Con. Ad ogni modo

Voi non ſiete tranquilla:

Guardate queſto foglio.

la Con. (Numi ! é il foglioo.

Che Figaro gli ſcriſſe !)

(*Cherubino fa cadere un tavolino, e una ſedia*

in gabinetto, con molt ſtrepito.   il

il Con. Cos' é codesto strepito !

la Con. Strepito ?

il Con. In gabinetto

Qualche cosa è caduto :

la Con. Io non intesi niente :

il Con. Convien che abbiate i gran pensieri

in mente..

la Con. Di che ?

il Con. Là v' è qualcuno :

la Con. Chi volete che sia ?

il Con. Lo chiedo a voi.

Io vengo in questo punto,

la Con. Ah sì , Susanna ... appunto ...

il Con. Che passò mi diceste alla sua stanza !

la Con. A la sua stanza, o quì non vidi bene..

il Con. Susanna ! e donde' viene,

Che siete sì turbata !

la Con. Per la mia Cameriera ?   *(con un ri-*

solino sforzato.

il Con. Io non so nulla :

Ma turbata senz'altro.

la Con. Ah questa serva

Più che non turba me turba voi stesso :

il Con. E' vero, é vero ; e lo vedrete adesso.

(la Susanna entra per la porta ond'è

uscita , e si ferma vedendo il Conte.

che dalla porta del gabinetto sta fa-

vellando.

il

il Con. Sufanna or via fortite,
   Sortite, io così vó.

la Con, Fermatevi... fentite..
   Sortire ella non può.   *(al Conte*
           affannata.

Suf.   Cos' è codefta lite!
   Il paggio dove andò;

il Con. E chi vietarlo or ofa!

la Con. Lo vieta, l'oneftà.
   Un abito da fpofa
   Provando ella fi ftà.

il Con. (Chiariffima é la cofa:
   (L' amante qui ferá:

la Con. a3 (Bruttiffima é la cofa
   (Chi fa cofa farà.

Suf.   (Capifco qualche cofa
   (Veggiamo come và.

il Con. Dunque parlate almeno.
   Susanna fe qui fiete...

la Con. Nemmen, nemmen, nemmeno
   Io v'ordino tacete: *(Sufanna*
   fi nafconde entro l' alcova.

Suf.   O cielo! un precipizio,
   Un fcandalo, un difordine
   Qui certo nafcerá.

il Con. (Conforte mio giudizio:
   (Un fcandalo un difordine;

a Con. (Schiviam per carità.   *il*

il *Con.* Dunque voi non aprite?

la *Con.* E perché deggio

Le mie camere aprir?

il *Con.* Ebben, lasciate,

L' aprirem senza chiavi, chi gente..?

la *Con.* Come?

Porreste a repentaglio

D' una dama l'onore?

il *Con.* E' vero, io sbaglio;

Poſſo ſenza romore,

Senza ſcandalo alcun di noſtra gente

Andare io ſteſſo a prender l'occorrente

Attendete pur quì.... ma perchè in tutto

Sia il mio dubbio diſtrutto anco le porte

Io prima chiuderò.   *(Il Conte chiude a*

chiave la porta che conduce alle

ſtanze delle cameriere.

la *Con.* Ciel! che imprudenza?   *(a parte.*

il *Con.* Voi la condiſcedenza

Di venir meco avrete.   *(Con affettata*

ilarità.

Madama, eccovi il braccio Andiamo.

la *Con.* Andiamo.   *(Con ribrezzo.*

il *Con.* Suſanna ſtarà quì fin che torniamo.

(Accenna il gabinetto.

Scena

SCENA IV.

Sufanna che efce dall' Alcova in fretta.
Poi Cherubino ch' efce dal gabinetto.

Suf. Aprite prefto aprite;   (*Alla porta del*
   Aprite è la Sufanna.   (*gabinetto.*
   Sortite via, fortite ,. :
   Andate via di quá   (*Cherubino efce*
Cher. Ahimè che fcena orribile! (*Confufo,*
   Che granfatalitá!   (*e fenza fiato.*
Suf. Partite, non tardate;   (*fi accoftano*
        or ad una. or ad un'altra porta.
        e le trovano tutte chiufe.
   Di quà, di quà, di là.
a 2   { Le porte fon ferrate.
     { Che mai, che mai farà:
Cher. Qui perderfi non giova.
a 2 $\begin{matrix}M\\V\end{matrix}$'uccide fe $\begin{matrix}mi\\vi\end{matrix}$ trova.
Cher. Veggiamo un po quí fuori,
      (*Cherubino s'affaccia alla fineftra*
     che mette in giardino.
   Da proprio nel giardino,   (*Fa un motto*
     come per voler faltarvi giu, Su-
     fanna lo trattiene.

                       Suf.

Suf. Fermate, Cherubino!
   Fermate per pietà.   (*Torna a guardare,*
                          e poi si ritira.

Cher. Un vaso, o due dì fiori ; ...
   Più mal non avverrà.

Suf. Tropp' alto per un salto.   (*Lo seguita*
                                    a tratenere.

Cher. Lasciami ; pria di nuocerle   (*Cheru-*
                 bino si scioglie da Suf.

   Nel foco volerei.
   Abbraccio te per lei.
   Addio : Così si fà.

Suf. Ei va a perire o Dei !
   Fermate per pietà.   (*Cherubino*
         salta fuori : Susanna mette un
         alto grido siede un momento poi
         va al balcone.

Suf. Oh guarda il demonietto ! come fugge ;
   E già un miglio lontano :
   Ma non perdiamci invano.
   Entriam in gabinetto.
   Venga poi lo smargiasso, io qui l'aspetto
         (*la Susanna entra in gabinetto e si*
         chiude dietro la porta.

SCE=

SCENA V.

La Contessa; il Conte con martello e tenaglia in mano; al suo arrivo esamina tutte le porte.

il Con. Tutto è come il lasciai, volette dunque
Aprir voi stessa, o deggio ?.... *(in
atto di aprir a forza la porta.*

la Con. Ahimé fermate.
E ascoltatemi un poco *(Il conte
getta il martello e la tenaglia soprauna sedia.*
Mi credete capace
Di mancare al dover ?...

Il Con. Come vi piace.
Entro quel gabinetto
Chi v'è chiuso vedrò.

la Con. Sì lo vedrete... *(timida, e tremante.*
Ma uditemi tranquillo.

il Con. Non è dunque Susanna! *(alterato.*

la Con. No ma, invece é un oggetto,
Che ragion di sospetto *(come sopra.*
Non vi deve lasciar, per quella sera..
Una burla innocente...
Di far si disponeva,...ed io vi giuro.
Che l'onor.. . l'onestà ...

il Con. Chi é dunque! dite ..: *(Piu Alterato.*
L'ucciderò.

la Con. Sentite..
Ah non ho cor !

il

il Cou. Parlate.

la Con. E un fanciullo...

il Con. Un fanciul!...   (*come fopra.*

la Con. Sí Cherubino.

il Con. E mi farà il deftino.

  Ritravar quefto paggio in ogni loco!)

                                (*da fe.*

  Come? non é partito? fcellerati!

                                (*forte.*

  Ecco i dubbi fpiegati. ecco l'imbroglio,

  Ecco il raggiro onde m'avverte il foglio.

SCENA VI.

Il Con. la Con, e poi Sufanna in gabinetto.
F I N A L E.

il Con Efci omai, garzon malnato,   (*alla*

            porta del gabinetto con impeto.

  Sclagurato, non tardar.

la Con, Ah Signore, quel furore   (*la Con.*

    ritira a forza il Con. dal gabinetto.

  Per lui fammi il cor tremar,

il Con, E d'opporvi ancor ofate?

la Con. No... fentite.

il Con. Via parlatel

la Con. Giuro il Ciel ch'ogni fofpetto...

  E lo ftato in che il trovate...

                                Sci-

Sciolto il collo .. nudo il petto ...

il Con. Nudo il petto , . fequitate ;

la Con. Per veftir feminee fpoglie . . ;

il Con. (Ah comprendo, indegna moglie

   ((*Sapp̃reffa al gabinetto. poi torna*

 a 2 (Mi vo'tofto vendicar, (*indietro*

la Con. (Mi fa torto quel trasporto (*con*

   (M'oltraggiate a dubitar. *forza*

il Con. Quà la chiave.

la Con. Egli é innocente.

  Voi fapete ., .   (*La conteffa porge*

        al conte la chiave.

il Con, Non fo niente,

  Va'lontan dagli occhi miei.

  Un'infida, un' empia fei.

  E me cerchi d'infamar.

la Con. Vado ... fi ..., ma ...

il Con Non afcolto.

la Con. Non fon rea,

il Con. Vel leggo in volto.

 a 2 (Mora, mora, e più non fia

  Ria cagion del mio penar. (*Il*

 (*conte apre il gabinetto e Sufanna*

 (*efce fulla porta, ed ivi fi ferma.*

la Con.(Ah la cieca gelofia

 (Qualche ecceffo gli fa far,

SCE-

S C E N A VII.

I Sud. e la Susanna ch'esce dal gabinetto.

l Con.
i a Con.   a 2 Susanna !   *(Con maraviglia.*
l

Sus. Signore.
　　Cos'e quel stupore ?
　　Il brando prendere,　　　*(con ironia.*
　　Il Paggio uccidete.
　　Quel paggio malnato,
　　Vedetelo quá.
il Con.(Che scola ! la testa,
　a 3　(Girando mi vá.　　　*(ognuno da se.*
la Con.(Che storia)è mai questa:
　　(Susanna v'è là.
Sus.　(Confusa han le testa,
　　(Non san come vá.
il Con. Sei sola ?
Sus.　(Guardate,
　a 2　(Qui ascoso farà,
ilCon.(Guardiamo ;
　　(Qui ascoso farà,　　*(il Conte entra
　　　　　　　　　　　　　in gabinetto.*

SCENA VIII.

Sufanna. la Conteffa: e poi il Conte.

la Con. Sufanna, fon morta:
    Il fiato mi manca?

Suf. Più lieta. più franca,   *Sufanna alle-*
                    griffima addita alla Conteffa la fine-
                    ftra onde è faltato Cherubino.
    In falvo è di già,

il Con. Che sbaglio mai prefi !   (*Il Conte ef-*
                    ce confufo dal gabinetto.
    Appena lo credo;
    Se a torto v'offefi
    Perdono vi chiedo ;
    Ma far burla fimile
    E poi crudelta.

la Con.)Le voftre follie   (*La Conteffa col*
    (*fazzoletto alla bocca per cefar il di-*
  a 2 (*fordine di fpirito.*

Suf.)   Non mertan pietà.

il Con Io v'amo:

la Con. Nol dite ,   (*Rinvenendo dalla confu-*

il Con. Vel giuro   (*fione a poco a poco.*

la Con. Mentite.
    Son l'empia l'infida
    Che ognora v'inganna.   *(con*
                    furza, è collera.

il Con. (Quell'ira Susanna!

a 2 (M'aita a calmar.

Suf. (Cosi si condanna

(Chi può sospettar.

la Con. Adunque la fede.

D'un'anima amante

(con *risentimento.*

Si fiera mercede

Doveva sperar?

il Con. Quell'ira, Susanna,

M'aita a calmar.

Suf. (Signora: (*In atto di preghiera.*

il Con (a 2 Rosina.

la Con. Crudele !   (al Con.

Più quella non sono,

Ma il misero oggetto

Del vostro abbandono,

Che avete diletto

Di far disperar.

Confuso, pentito

il Con,   Son

Suf.   a 2 E troppo punito

Abbiate pietà.

la Con. Soffrir sí gran torto

Quest'alma non sà.

il Con. Ma il Paggio rinchiuso?

la Con, Fu sol per provarvi.

il Con. Ma i tremiti, i palpiti?

la Con. Fu fol per burlarvi.

il Con. E un foglio fi barbaro?...

la Con. Di Figaro è il foglio,

Suf. **a 2** E a voi per Bafilio...

il Con. Ah perfidi io voglio!..

la Con. Perdono non merta

Suf. **a 2** Chi agli altri nol dá.

il Con. Ebben fe vi piace   (con tenerezz

    Comune é la pace;

    Rofina infleffibile

    Con me non farà.

la Con. Ah quanto Sufanna,

    Son dolce di core!

    Di donne al furore

    Chi più crederà?

Suf. Cogli uomin Signora,

    Girate, volgete;

    Vedrete che ognora

    Si cade pói là,

il Con. Guardatemi: (con tenerezza,

la Con. Ingrato:

il Con. Ho torto: e mi pento! (il conte

  bacia, e ribaccia la mano della Conteffa.

  (Da quefto momento

                              vi

    Queft' alma a conofcermi

                             la

    Apprender potrà.

       D

SCE.

SCENA IX.

I Sud. Fig.

Fig. Signori di fuori,
　　Son già i suonatori:
　　Le trombe sentite,
　　I pifari udite,
　　Tra canti, tra balli
　　De' nostri vassalli
　　Corriamo, voliamo　　*(Figaro
　　　　prende Susanna sotto il braccio,
　　　　e va per partire: Il Conte lo
　　　　trattiene.*
　　Le nozze a compir,
il Con. Pian piano, men fretta;
Fg. 　La turba m'aspetta:
il Con. Un dubbio toglietemi
　　In pria di partir.
Fig. 　(La cosa è scabrosa;
la Con. 　(Com' ha da finir:
Suf. 　a4 (Con arte le carte
il Con. 　(Convien quì scoprir.

SCENA X.

*I Sudetti Antonio giardiniere infuriato, con
　　un vaso di garofani schiacciato.*

Ant. Ah Signore... Signor...　　　　　*il*

Con. Cofa é ftato?   (*con anfietà*

Ant. Che infolenza! chi l' fece! chi fu!

il Con,)

la Con,)Cofa dici; cos'hai, cofa é nato?

Suf.)

Fig.)

Ant. Afcoltate.   (*come fopra.*

a 4 (Via parla di fù.

Ant. Dal balcone che guarda in giardino
    Mille cofe ogni dí gittar veggio;
    E pocanzi, può darfi di peggio?
    Vidi un uom, Signor mio, gittar
                giu!

il Con. Dal balcone?   (*con vivacità*

Ant. Vedete i garofani,   (*Additandogli il*
              vafo di fiori fchiacciato

il Con. In giardino?

Ant. Sì:

Suf.   a2 Figaro, a l'erta.

la Con.   (*baffo a Fig.*

il Con. Cofa fento!

la Con. (

Fig. (Coftui ci fconcerta: (*piano*

Suf. (

la Con.)

Fig.)a3 Quel briaco, che viene a far

Suf.)   qui?   (*forte.*

il

il Con. Dunque un uom... ma dov'é, dov'é gito? (*con foco*

Ant. Ratto ratto il birbone é fuggito,
    E ad un tratto di vista m' uscì.

Suf.   Sai che il Paggio...   (*Piano a Fig.*

Fig.   So tutto, lo vidi.   (*Piano a Suf.*
    Ah ah ah   (*Ride forte.*

il Con. Taci là.

Ant. Cosa ridi?

Fig. Tu' sei cotto dal sorger del dí.

il Con. Or riperimi: un uom dal balcone...

Ant. Dal balcone:

i Con. In giardino...

Ant. In giardino,

Suf.   }
la Con. } a 3 Ma Signore, se in lui parla il
Fig.   }   vino?

il Con. Segui pure: né in volto il vedesti.

Ant. No nol vidi:

Suf.   } a 2 O là, Figaro, ascolta. (*Piano*
la Con.)   *a Fig.*

Fig.   Via piangione, sta zitto una volta,
    Per tre soldi far tanto tumulto:
      (*toccando con disprezzo i garofani.*
    Giacché il fatto non può stare
         occulto
    Sono io stesso saltato di lí.

il Con.)
Ant.)   *a 2* Chi? voi steffo?

la Con.) *a 2* (Che tefta? che ingegno
Suf.)   (*pian.*

Fig. Che ftupori?

il Con. No, creder nol poffo:

Ant. Come mai diventafte sí groffo?

Fig, *a 2* (Dopo il falto non fofte cosl.
          (A chi falta fuccede cosí,

Ant. Chi l'direbbe?

Suf.) *a 2* Ed infifte quel pazzo.
la Con.)   (*piano.*

il Con. Tu che dicì?

Ant. E a me parve il ragazzo.

il Con. Cherubin!   (*con foco.*

Suf.) *a 2* Maledetto.
la Con.)   (*Piano.*

Fig. Effo appunto
          Da Siviglia a cavallo qui giunto,
          Da Siviglia ov'ei forfe farà.

Ant. Quefto no, quefto no, che il cavallo
          (*con rozza fimplicità.*
          Io non vidi faltare dì là.

Il Con. Che pazienza! finiam quefto ballo
la Con. *a2*(Come mai, giufto ciel finirà
Suf.
                                    (*piano.*

l Con. Dunqae tu,.. (*a Figaro con foco.*

                                    Fig.

Fig. Saltai giù.   (*con disinvoltura.*

il Con. Ma perché?

Fig. Il timor. ...

il Con. Che timor?

Fig.   Là rinchiuso,   (*Additando le ca-*
                         mere delle serve

A spettando quel coro visetto ...

Tippe tappe un sufurro fuor d'uso ..

Voi gridaste.. lo scritto biglietto :.

Saltai giù dal terrore confuso. ..

E stravolto m'ho un nervo del piè!

                    (*stropicciandosi il piede come*
                         si fosse fatto del male.

Ant. Vostre dunque saran queste carte,

     Che perdeste.!.   (*Porge alcune*
                    carte chiuse a Fig. il Con.

il Con. Olà, porgile a me.   (*gliele toglie*

Fig. Son in trappola. (*piano a Sus. e alla Con.*

Sus.   (Figaro a l'arte.   (*piano a Fig.*
la Con.

il Con. Dite un po questa foglio cos'è.

               (*Il Conte apre il foglio, poi lo chiu-*
                    de tosto.

Fig. Tosto.. tosto.. n'ho tanti.. aspettate.

          (*Cava di tasca alcune carte e finge*
               di guardare,

Ant. Sarà forse il sommario de' debiti;

Fig. No la lista degli osti :

                                        il

il Con. Parlate .   (*a Fig.*

      E tu lafcialo:

la Con.   (Lafcia $_{mi}^{lo}$

Suf.

Fig.   (E parti :

Ant. Porto fi, ma fe torno a trovarti…

                     (*Ant. parte.*

Fig. Vanne, vanne non temo di te.

      (*Il Conte riapre la Carta e poi tofto*

      la chiude.

il Con. Dunque ?…   (*a Fig.*

la Con. O Ciel! la patente del paggio !

             (*a Suf. piano.*

Suf. Giufti Dei! la patente !..   (*Piano , a Fi-*

                    garo.

il Con. Corraggio!   (*a Fig. ironicamen.*

Fig. Uh ché tefta! quefta é la patente.

     (*Come in atto di rifovvenirfi della*

     Che pocanzi il faciullo mi dié   *cofe*

il Con. Perché fare ?

Fig. Vi manca…   (*imbrogliato.*

il Con. Vi manca ?

la Con. Il fuggello.,   (*Piano a Suf.*

Suf. Il fuggello .,   (*Piano a Fig.*

il Con. Rifpondi. (*a Fig. che finge di penfare.*

Fig. E l'ufanza ?…..

il Con. Su via ti confondi?   (*Il Con. guar-*

     da, e vede che manca il fuggello,

     fquarcia la carta.   *Fig.*

Fig. E l'ufanza di porvi il fuggello.

il Con, (Quefto birbo mi tóglie il cervello;

(*con fomma collera, gitta il foglio.*

(Tutto tutto è un miftero per me;

la Con. a 4 (Se mi falvo da quefta tempefta,

Suf. (Piu non àvvi naufragio per mie,

Fig. (Sbuffa invano, e la terra calpefta;

(Poverino ne fa men di me,

SCENA ULTIMA.

I Sudetti, Marcellina Bartolo, e Bafilio.

Mar. (Voi Signor che giufto fiete

Bara, a 3 (Ci dovete or afcoltar

Baf. (

il Con, (Son venuti a vendicarmi,

la Con, (Io mi fento confolar.

Fig. (Son venuti a fconcertarmi.

Suf. (Qual rimedio ritrovar?

Fig, Son tre ftolidi, tre pazzi,

Cofa mai vengono a far ?

il Con. Pian pianin, fenza fchiamazzi,

Io fon qui per afcoltar.

Mar, Un impegno nuziale

Ha coftui con me contratto:

E pretendo che il contratto

Deva meco effettuar.

la

la Con.

Fig, a 3 $\Big\{$ Come! come!

Suf.

il Con· Olà, filenzio:

Io fon quì per giudicar,

Bar. Io da lei fcelto avvocato

Vengo a far le fue difefe,

Le legitime pretefe,

Io qui vengo a palesar,

Fig.

la Con. a3 $\Big\{$ Un birbante !..

Suf.

il Con. Olà filenzio,

Io fon qui per giudicar.

Baf. Io com' uom al mondo cognito

Vengo qui per teftimonio,

Del promeffo matrimonio

Con preftanza di danar.

T u t t i.

il Con. $\Big($ Che bel colpo, che bel cafo

Mar. $\Big($ E crefciuto a tutti il nafo ;

Baf. $\Big($ Qualche Nume a noi propizio

Bar. $\Big\{$ Qui $_{ci}^{li}$ ha fatti capitar.

Gli altri Son confuf$_o^a$ fon ftordit$_o^a$

Difperat$_o^a$ sbalordit$_o^a$

Cer

Certo un diavol de l'inferno
Qui li ha fatti capitar.

Suf.
Fig. a 3 { Son tre matti.
la Con.
il Con. Lo vedremo:
Il contratto leggeremo,
Tutto in ordin deve andar.

T   u   t   t   i.

(C o m e   f o p r a.)

Fine dell Atto secondo.

ATTO

ATTO TERZO.

SCENA I.

Sala ricca, con due troni e preparata a festa
nuziale.

Il Conte solo che passegia.

il Con, Che imbarazzo é mai questo! un
foglio anonimo...
La cameriera in gabinetto chiusa...
La padrona confusa... un uom che salta
Dal balcone in giardino... un altro ap-
presso
Che dice esser quel desso...
Non so cosa, pensar: potrebbe forse
Qualcun de miei vassalli... a simil razza
E commune l'ardir... ma la Contessa...
Ah che un dubbio l'offende... ella rispetta
Troppo se stessa: e l'onòr mio... l'onore...
Dove diamin l'ha posto umano errore!

SCE-

SCENA II.

Il Sudetto, la Contessa, e Susanna.
S' Arrestanno in fondo alla scena non ve-
dute, dal conte.

la Con. Via fatti core, digli
   Che ti attenda in giardino.
il Con. Saprò se Cherubino
   Era giunto a Siviglia, e tale oggetto
   Ho mandato Basilio...
Suf. Oh Cielo! e Figaro!
la Con. A lui non dei dir nulla, invece tua
   Voglio andarci io medesma.
il Con. Avanti sera
   Dovrebbe ritornar....
Suf. Oddio! non oso.
la Con. Pensa che or sta in tua mano il mio ri-
                  poso.
il Con. E Susanna? chi sa ch'ella tradito
   Abbia il secreto mio.... ho se ha parlato
   Gli fo sposar la vecchia...
Suf. (Marcelina?) Signor...
il Con. Cosa bramate   (serio.
Suf. Mi par che siate in collera!
il Con. Volete qualche cosa?

                          Suf.

Suf. Signor — la voftra fpofa
   Ha i foliti vapori,
   E vi chiede il fiafchetto degli odori.
il Con. Prendete,
Suf. Or vel riporto.
il Con. Eh no potete
   Ritenerlo per voi.
Suf. Per me? fcufate:
   Quefti non fono mali
   Da donne triviali.
il Con. Un amante, che perde il caro fpofo
   Sul punto d'ottenerlo...
Suf. Pagando Marcellina
   Co' la dote che voi mi prometterte...
il Con. Ch' io vi promifi? quando?
Suf. Credea d' averlo intefo...
il Con. Si, fe voluto avefte
   Intender me voi ftefla.
Suf. E quefto il mio dovere,
   E quel di fua eccellenza é il mio volere.

il Con. Crudel! perchè finora
      Farmi languir così?
Suf. Signor, la donna ognora
      Tempo ha di dir di sì;
il Con. Dunque in giardin verrai?
Suf. Se piace a voi verro.
il Con. E non mi mancherai.
Suf. No non vi mancherò.

                il Con.

il Con. (Mi sento dal contento
(Pieno di gioja il cor.
Suf. a2 (Scusatemi se mento
(Voi che intendete amor.
il Con. E perché fosti meco
Sramattina sì austera?
Suf. Col paggio ch'ivi c'era..;
il Con. Ed a Basilio
Che per me ti parlò..;
Suf. Ma qual bisogno
Abbiam noi che un Basilio.
il Con. E vero, e vero.
E mi prometti poi..
Se tù manchi, o cor mio..ma la con-
tessa
Attenderà il fiaschetto.
Suf. Eh fu un pretesto :
Parlato io non avrei senza di questo.
il Con Carissima!   (*le prende la mano*
Suf. Vien gente.   (*ella si ritira.*
il Con. E mia senz' altro :
Suf. Forbitevi la bocca, o Signor scaltro,

SCENA III.

Figaro, la Susanna, e il Conte.

Fig. Ehi Susanna, ove vai?

Sus. Taci, senza avvocato
   Hai già vinta la causa.   *(entra*

Fig. Cosa è nato: *(la segue*

il Con. Hai già vinta la causa! cosa sento
   In qual laccio io cadea! perfidi! io vo-
                                 glio
   Di tal modo punirvi!...a piacer mio
   La sentenza sarà...ma s'ei pagasse
   La vecchia pretendente ?
   Pagarla! in qual maniera!...e poi v' è
                                 Antonio
   Che a un incognito Figaro ricusa
   Di dare una nipote in matrimonio,
   Coltivando l' orgoglio .
   Di questo mentecatto ...
   Tutto giova a un raggiro, il colpo è
                                 fatto.

      Vedrò mentr' io sospiro
         Felice un servo mio?
         E un ben che invan desio
         Ei posseder dovrà?
      Vedrò per man d'amore
         Unita a un vile oggetto
         Chi in me destò un affetto
         Che per me poi non ha?
      Ah no! lasciarti in pace
         Non vo questo contento;
         Tu non nascesti, audace,

Per dare a me tormento;
E forfe ancor per ridere
Di mia infelicità.
Già la fperanza fola
De le vendette mie
Queft' anima confola,
E giubilar mi fa, (*vuol par*
tire e s'incontra in D. Curzio.

SCENA IV.

Il Conte, Marcellina, D. Curzio, Figaro,
Bartolo.

Cur. E decifa la lite.
   O pagarla, o fpofarla.   Ora ammutite
Mar. Io refpiro;
Fig. Ed io moro.
Mar. (Alfin fpofa io farò d'un uom che
                          adoro.)
Fig. Eccellenza m'appello.,,
il Con. E giufta la fentenza.
   O pagar, o fpofar. Bravo D. Curzio.
Cur. Bontà di fua Eccellenza.
Bar: Che fuperba fentenza!
Fig. In che fuperba?
Bar. Siam tutti vendicati.
Fig. Io non la fpoferò,

                          Bar.

Bar. La fpoferai.

Cur. O pagarla, o fpofarla.

Mar. Io t'ho preftati
   Due mila pezzi duri!

Fig. Son gentiluomo, e fenza.
   L'affenfo de' miei nobili parenti ...

il Con. Dove fono? chi fono? --

Fig. Lafciate ancor cercarli.
   Dopo dieci anni io fpero di trovarli.

Bar. Qualche bambin trovato.

Fig. No perduto dottor, anzi rubato.

il Con. Come?

Mar. Cofa?

Bar. La prova?

Cur. Il teftimonio?

Fig. L'oro, le gemme, e i ricamati panni
   Che ne' più teneri anni
   Mi ritrovaro addoffo i mafnadieri
   Sono gli indizj veri
   Di mia nafcita illuftre, e fopra tutto
   Quefto al mio braccio impreffo geroglifico.

Mar. Una fpatola impreffa al braccio deftro.

Fig. E a voi chi l'diffe?

Mar. Oddio!
   E egli ...

Fig. E ver fon io.

Cur. Chi?

E   il

il Con. Chi ?

Bar. Chi ?

Mar. Rafaello.

Bar. Ei ladri ti rapir ..

Fig Preſſo un caſtello.

Bar. Ecco tua Madre,

Fig: Nutrice ...

Bar. No, tua Madre.

Cur.
il Con. a 2 } Sua madre !

Fig. Coſa ſento !

Mar, Ecco tuo Padre.

Riconoſci in queſto ampleſſo   *(Mar-*

cellina corre ad abbracciar Figaro,

Una madre amato figlio,

Fig. Padre mio, fate lo ſteſſo,

Non mi fate più arroſſir.

Bar. Reſiſtenza la coſcienza   *Bartolo*

abbraccia Figaro e reſtano coſi,

fino al verſo, Laſcia iniquo.

Far non laſcia al tuo deſir.

Cur.)Ei ſuo Padre, ella ſua madre :

a 2) L'imeneo non può ſeguir.

il Con.) Son deluſo, ſon confuſo;

) Meglio è aſſai di quà partir.

(il Conte va per partire. Suſanna

l'arreſta.

Suſ. Alto alto Signor Conte.

Mille doppie ſon qui pronte,

A pagàr vengo per Figaro
Ed a porlo in libertà,

il *Con.* } Non ſappiam com'è la coſa,
Cur. a2 } Oſſervate un poco là.

Suſ. Già d'accordo ei ſe la fa:

    (Suſanna ſi volge, e vede Figaro che
       abbraccia Marcellina, Vuol
       partire.

Giuſto ciel! che infedeltà!
Laſcia iniquo.

Fig. No t'arreſta, *(Figaro la trattiene: ella fa*
    forza poi dà uno ſchiaffo a Figaro,
    Senti, o cara

Suſ. Senti queſta.

Bar. (E un effetto di bon core,

Fig. (Tutto amore é quel che fa.

Mar. (Frem^o_e, ſmani^o_a dal furore,

  a 6

    Il deſtino $^{me}_{glie}$ la fa.

il Con. (

Cur. (Fremo, ſmanio dal furore,

Suſ. (Una vecchia ame la fa.

Mar. Lo sdegno calmate
  Mia cara figliola,
  Sua madre abbracciate,
  Che voſtra or ſarà.   *(Mar. corre a*
       abbracciar Suſ.

Suſ. Sua Madre?

Tutti. Sua madre.

Fig. E quello é mio Padre.

 Che a te lo dirà.

Sus. Suo Padre?

Tutti. Suo Padre.

Fig. E quella é mia madre

 Che a te lo dirá. (*Corrono tutti quoatro*

       ad abbracciarsi.

Sus. (Al dolce diletto

Fig. (Che m'agita il petto

Bar. (Quest'anima appena

 a (

Mar. (Resistere or sa.

il Con. (Al fiero tormento

Cur. (Di questo momento

  (Quest',

      anima appena

  (Quell'

  (Resistere or sa.   (*parte*

S C E N A V.

Marcellina Bart. Figaro, Sus.

Mar. Eccovi, o caro amico, il dolce frutto

 De l'antico amor nostro...,

Bar. Or non parliamo

 Di fatti sí rimoti; egli é mio figlio,

 Mia consorte voi siete;

 E le nozze farem quando volete:

         Mar.

Mar. Oggi, e doppie faranno :
Prendi, questo é il biglietto.   (*Dà il*
biglietto a Fig.
Del danar che a me devi; ed é tua dote,
Suf. Prendi ancor questa borsa.   (*gitta per*
terra una borsa di danari
Bar. E questa ancora. (*Bartolo fa lo stesso.*
Fig. Bravi; gittate pur ch'io piglio ognor .
Suf. Voliamo ad informar d'ogni avventura
Madama, e nostro zio:
Chi al par di me contento !
Fig. Io.
Mar. Io.
Bar. Io,   (*parto abbracciati.*
   a 4 (E schiatti il fignor conte al gioir
mio ,

S C E N A VI.

Cher. e Barbarina

Bar. Andiam, andiam, bel Paggio, in
casa mia
Tutte ritroverai
Le più belle ragazze del castello ,
Di tutte farai tu certo il più bello.
Cher. Ah se il conte mi trova,
Misero me ; tu sai,
Che partito ei mi crede per Siviglia:

Bar. Oh ve', che maraviglia! e se ti trova
Non farà cola nova ,,odi,, vogliamo
Vestirti come noi:
Tutte infieme andrem poi
A prefentar de' fiori a Madamina;
Fidati, o Cherubin, di Barbarina.

(*Parte.*

SCENA VII.

La Conteffa fola.

la Con. E Sufanna non vien! fono anfiofa
Di faper come il conte
Accolfe la propofta, alquanto ardito
Il progetto mi par, e ad uno fpofo
Si vivace, e gelofo....
Ma che mal c'é? cangiando i miei veftiti
Con quelli di Sufanna, e i fuoi co' miei,
Al favor de la notte,... oh cielo a quale
Umil ftato fatale jo fon ridotta
Da un conforte crudel, che dopo avermi
Con un mifto inaudito
D'infedeltá, di gelofie; di fdegni,
Prima amata, indi offefa, e alfin tradita
Fammi or cercar da una mia ferva aita!
    Dove fono i bei momenti
     Di dolcezza, e di piacer.

                          Dove

Dove andaroni giuramenti
Di quel labbro menzogner?
Perchè mai fe' in pianti, e in pene
Per me tutto fi cangio;
La memoria di quel bene
Dal mio fen non trapaffo?
Ah fe almen la mia coftanza
Nel languire amando ognor,
Mi portaffe una fperanza
Di cangiar l' ingrato cor. (*Par.*

SCENA VIII.

Antonio con cappello in mano, e il Conte.

Ant. Io vi dico Signor, che Cherubino
E ancora nel caftello
E vedete per prova il fuo cappello.
il Con. Ma come, fe a queft' ora
Effer giunto a Siviglia egli dovria.
Ant. Scufate, oggi Siviglia è cafa mia.
Là veftiffi da donna, e là lafciati
Ha gli altri abiti fuoi:
il Con. Perfidi!
Ant. Andiam, e li vedrete voi.
(*Parte*

SCE-

SCENA IX.

Suf. la Conteſſa.

la Con. Coſa mi narri; e che ne diſſe il
Conte?

Suf. Gli ſi leggeva in fronte
Il diſpetto, e la rabbia.

la Con. Piano ; che meglio or lo porremo in
gabbia.

Dov'é l'appuntamento
Che tu gli proponeſti ?

Suf. Nel giardino.

la Con. Fiſſiamgli un loco. Scrivi.

Suf. Ch'io ſcriva ... ma ſignora :

la Con. Eh ſcrivi dico ; e tutto
Io prendo ſu me ſteſſa. (_Suf. ſiede e ſcriv._
Canzonetta ſú l'aria.

Suf. Su l'aria.

la Con. Che ſoave zeffiretto   (_La Conteſſa
detta_

Queſta ſera ſpirerà,

Suf. Queſta ſera ſpirerà,   (_La Suſanna ripete le parole della Conteſſa_)

la Con. Sotto i pini del boſchetto.

Suf. Sotto i pini del boſchetto.

la Con. Ei già il reſto capirà.

Suf. Certo certo il capirá.

Piegaro

Piegato è il foglio ... or come si fi-
gilla? .. (*piega la lettera.*

la *Con.* Ecco -, - prendi una spilla: *si ca-*
va una spilla e gliela dà.

Servirà di sigillo, attendi --- scrivi
Sul riverso de' foglio,
Rimandate il sigillo:

Sus. E' più bizzarro
Di quel della patente.

la *Con.* Presto nascondi: io sento venir gente.
(*Susanna si mette il biglietto nel seno.*

S C E N A X.

Cherubino vestito da contadinella. Barba-
rina e alcune altre contadinelle vestite del
medesimo modo, con mazzetti di fiori.

C O R O

Ricevete, o padroncina,
Queste rose, e questi fior,
Che abbiam colti sta mattina
Per mostrarvi il nostro amor.
Siamo tante contadine,
E siam tutte poverine,
Ma quel poco che rechiamo
Ve lo diamo di bon cór,

Bar: Queste sono Madama,
Le ragazze del loco

Che

Che il poco ch'an vi vengono adof-
frire,

E vi chiedon perdon del loro ardire.

la Con. Oh brave! vi ringrazio.

Suf. Come fono vezzofe!

la Con. E chi é: narratemi,

Quell'amabil fanciulla.

Ch'ha l'aria sì modefta?

Bar, Ella é una mia cugina e per le nozze

E' venuta ier fera,

la Con. Onoriamo la bella foreftiera.

Venite quì - - -datemi i voftri fiori.

(prende i fiori di Cherubino, e lo
baccia in fronte.

Come arrofi! - - - Sufanna, e non ti
pare - - -

Che fomigli ad alcuno? - - -

Suf. Al naturale.

SCENA XI.

I fud. il Conte. e Antonio.

*(Antonio ha il cappello di Cherubino: entra
in fcena pian piano, gli cava la cuffia di
donna. e gli mette in tefta il capello fteffo.)*

Ant. Eh cofpettacciò! é quefti l'uffiziale.

la Con. (Oh ftelle!)

Suf. (Malandrino!)

il

il Con. Ebben! Madama ---

la Con. Io fono, o Signor mio,
Irritata, e forprefa al par di voi,

il Con. Ma ftamane?

la Con. Stamane ---
Per l'odierna fefta
Volevam traveftirlo al modo fteffo,
Che l'han veftito adeffo,

il Con. E perchè non partifte?

Cher. Signor ---   *(cavandofi il cappello*
                         brufcamente.

il Con. Sapró punire
Là fua difobbedienza.

Barb. Eccellenza, eccellenza
Voi mi dite sì fpeffo
Qualvolta m'abbracciate, e mi baciate ---
Barbarina, fe m'ami
Ti darò quel che brami ...

il Con. Io diffi queft?

Barb. Voi.
Or datemi Padrone
In fpofo Cherubino,
E v'amerò com'amo il mio gattino.

la Con. Ebbene; or tocca a voi.   *al Con.*

Ant. Brava figliuola!
Hài buon maeftro che ti fa la fcuola.

il Con. Non fo qual uom, qual demone qual
                           Dio
Rivolga tutto quanto a torto mio.
                           (a parte

SCENA XII.

I sud. Figaro.

Fig. Signor .,.. se tratteneto
　Tutte queste ragazze
　Addio festa...., addio danza.,..
il Con. E che? vorresti
　Ballar col piè stravolto?
　　　　　(*finge di dirizzarsi la gamba,*
　　　　　　e poi si pruova a ballare.
Fig. Eh non mi duol più molto.
　Andiam belle fanciulle..　　　(*chiama*
　　　　　tutte le giovani, vuol partire. il
　　　　　Conte lo richiama.
la Con. Come si caverá dall'imbarazzo (*a Sus.*
Sus. Lasciate fare a lui.　　　(*alla Contessa.*
il Con. per buona sorte
　I vasi eran di creta:
Fig. Scenza fallo.
　Andiamo, dunque andiamo.　　　(*come*
　　　　　sopra. Ant. lo richiama.
Ant. Ed intanto a cavallo
　Di galoppo a Siviglia andava il Paggio.
Fig. Di galoppo, o di passo.. buon viaggio.
　Venite o belle giovani,　　　(*come sopra.*
il Con. E a te la sua patente　　　(*il Conte*
　Era in tasca rimasta ...　　　(*torna a*
　　　　　ricondurlo in mezzo.
　　　　　　　　　　　Fig.

Fig. Certamente.

    Che razza di domande!

Ant. Via non gli far piú motti, ei non t'in-
                         tende.

       a Suf, che fà de' motti a Fig.

    Ed ecco chi pretende,

    Che fia un bugiardo il mio Signor Ni-
                        pote.

Fig. Cherubino?

Ant. Or ci fei.   *(Ant. prende per mano*
              Cher. e lo presenta a Fig.

Fig. Che diamin canta?   *(al Cont.*

il Con. Non canto no, ma dice

    Ch'egli faltò ftamane in fui garofani.

Fig. Ei lo dice!... farà... fe ho faltato io,

    Si può dare che anch'effo.

    Abbia fatto lo fteffo.

il Con. Anch'effo?

Fig. Perchè no?

    Io non impugno mai quel che non fo.

    Ecco la marcia,... andiamo   *(fi ode*

        una marcia Spagnuola da lontano.

    A voftri pofti, o belle, a voftri pofti,

    Sufanna dammi il braccio.   *(Figaro*

        prende per un braccio la

        Suf. e partono tutti eccet-

        tuati il Con. e la Cont.

Suf. Eccolo;

il Con. Temerarj.   *la Con.*

la Con: Io son di ghiaccio.

SCENA XIII.

Il Conte, La Contessa.
(la marcia aumenta a poco a poco.)

il Con. Contessa . . .

la Con. Or non parliamo;
Ecco qui le due nozze:
Riceverle dobbiam: al fin si tratta
D' una vostra protetta;
Seggiam.

il Con. Seggiamo (se moditiam vendetta.)
(siedono.

SCENA XIV.

I sud. Cacciatori con fucile in spalla.
Gente del foro. Contadini e contadine. Due
giovinette, che portano il Capello verginale
con piume bianche. Due altre un bianco
velo. Due altre i guanti, e il mazzetto di
fiori. Figaro con Marcellina. Due altre
giovinette, che portano un simile capello per
Susanna &c. Bartolo con Susanna.

Due giovinette incominciano il coro, che
termina in ripieno. Bartolo conduce la Sus.
al Conte, e s' inginocchia per ricever da lui il
ca-

capello &c. Figaro conduce Marcellina alla
Contessa e fa la stessa funzione.

CORO.

Due giovani.

Amanti costanti
    Seguaci d' onòr
    Cantate lodate
    Sì faggio Signor.

A un dritto cedendo
    Che oltraggia, che offende
    Ei caste vi rende
    Ai vostri amator.

Tutti.

Cantiamo, lodiamo
    Si faggio Signor.

Susanna essendo in ginocchio durante il duo
tira il Conte per l' abito, gli mostra il bigliet-
tino, dopo passa la mano dal lato degli spet-
tatori alla testa, dove pare che il Conte
aggiusti il cappello, e le dà il biglietto. Il
Conte se lo mette furtivamente in seno. Suf.
s' alza, gli fa una riverenza. Figaro viene

a

a riceverla: e fi balla il fandango.   Marcellina s'alza un po piu tardi.   Bartolo viene a riceverla dalle mani della Conteffa.

Il Conte va da un lato cava il biglietto,
e fa l'atto d'un uom che rimafe punto il di-
to: lo fcuote, lo preme, lo fucchia, e vedendo il biglietto figillato colla fpilla, dice
gittando la fpilla a terra e intanto che la
orcheftra fuona pianiffimo.

il Con. Eh già folita ufanza!
    Le donne ficcan gli aghi in og-
      ni loco - - -
    Ah ah capifco il gioco   (Fig.
     vede tutto. e dice a Sufanna
Fig.   Un biglieto amorofo,
    Che gli diè nel pafar qualche ga-
       lante.
    Ed era figillato da una fpilla,
    Ond' ei fi punfe il dito:
    (Il Conte legge.   bacia il bigli-
     etto, cerca la fpilla, la trova,
     e fe la mette alla manica del fajo
    Il Narcifo or la cerca: oh che
       ftordito!
il Con. Andate amici: e fia per quefta fera
    Difpofto l'apparato nuziale
    Co la più ricca pompa. io vo
       che fia
        Mag-

Magnifica la festa ; e canti, e fochi,
E gran ballo, e gran cena ; e
ognuno impari
Com' io tratto color che a me
son cari.

*Il Coro, e la marcia si ripete e
tutti partono.*

Fine dell'Atto Terzo.

F ATTO

ATTO QUARTO.

SCENA I.

Gabinetto,

Barberina sola , poi Figaro e Marcellina.

Barb. L ho perduta --- me meschina! ..
Ah chi sa dove farà?
Non la trovo - e mia cugina --
E il padron cosa dirà?
　　　　(*Barbarina cercando qualche
　　　　cosa per terra.*

Fig. Barbarina cos' hai ?
Barb. L' ho perduta cugino.
Fig, Cosa ?
Mar. Cosa ?
Barb. La spilla:
Che a me diede il Padrone
Per recar a Susanna.
Fig. A Susanna ? --la spilla ? --
E così tenerella　　　　　　*(in collera*

II

Il meſtiero già ſai - - -   (*tranquillo.*

Di far tutto ſi ben quel tu fai?

Barb. Cos' é? vai meco in collera.

Fig. E non vedi ch' io ſcherzo? oſſerva - -
      queſta.   (*Cerca un mo-*
    mento per terra, dopo aver deſtra-
    mente cavata una ſpilla dall' abito
    o dalla Cuffia di Mar. e la da a
    Barb.

E la ſpilla che il Conte

Da recare ti diede a la Suſanna.

E ſervia di ſigillo a un bigliettino.

Vedi s' io ſono iſtrutto.

Barb. E perché il chiedi a me quando ſai
        tutto?

Fig. Avea guſto d' udir come il padrone

Ti diè la commiſſione.

Barb. Che miracoli !

Tieni fanciulla, reca queſta ſpilla

A la bella Suſanna: e dille queſto

F il ſigillo de' pini.

Fig. Ah ah! de' pini !

Barb. E ver ch' ei mi ſoggiunſe

Guarda che alcun non veda ;

Ma tu già tacerai.

Fig. Sicuramente.

Barb. A te già niente preme.

Fig. Oh niente, niente.

Barb. Addio, mio bel cugino:
 Vo da Sufanna, e poi da Cherubino.
     (*parte faltando.*

SCENA II.

Marcellina, e Figaro.

Fig. Madre: (*quaſi ſtupido*
Mar. Figlio.
Fig. Son morto.
Mar. Calmati, figlio mio.
Fig. Son morto, dico.
Mar. Flemma, flemma, e poi flemma: il
        fatto è ſerio;
 E penſarci convien: ma guarda un poco,
 Che ancor non ſai ei chi ſi prenda gioco.
Fig. Ah quella ſpilla; o Madre, é quella
         ſteſſa
 Che pocanzi ei raccolſe.
Mar. E ver, ma queſto
 Al più ti porge un dritto
 Di ſtare in guardia, e vivere in ſoſpetto:
 Ma non ſai ſe in effetto - - -
Fig. A l' arte dunque, il loco del congreſſo
 So dov' é ſtabilito;
Mar. Dove vai, figlio mio:
Fig. A vendicar tutti i mariti: addio.
       (*parte infuriato.*
        SCE.

SCENA III.

Marcellina sola.

Mar. Presto avvertiam Susanna:
Io la credo innocente: quella faccia,
Quell' aria di modestia: e caso ancora
Ch'ella non fosse ! - - - ah quando il cor non
                              (ci arma

Personale interesse
Ogni donna é portata a la difesa.
Del suo povero sesso,
Da questi uomini ingrati a torto oppresso.

    Il capro, e la capretta
        Son sempre in amistà,
           L'agnello a l'agnelletta
           La guerra mai non fa.

    Le più feroci belve
        Per selve, e per campagne
        Lascian le lor compagne
        In pace, e libertà;

    Sol noi povere femmine,
        Che tanto amiam questi uomini,
        Trattate siam dai perfidi
        Ognor con crudeltà.

SCENA IV.

Folto giardino, con due nicchie parallelle praticabili.

*Barbarina sola con alcune frutta e ciam-
belle.*

Barb. Nel padiglione a manca, ei cosí disse
E questo --- è questo -- e poi se non ve-
nisse,
Oh ve che brava gente ! a stento darmi
Un arancio, una pera, e una ciambella,
Per chi madamigella.
Oh per qualcun Signori:
Già lo sappiam: ebbene,
Il Padron l'odia, ed io gli voglio bene.
Però costommi un bacio ! e cosa importa?
Forse qualcun mel renderà. . . son morta,
(Fugge, ed entra nella nicchia a manca.

SCENA V.

*Figaro solo con mantello, e lanternino not-
turno, poi Bartolo, Basilio e truppa
di lavoratori &c.*

Fig. E barbarina .:. chi va là?
Bas. Son quelli
Che invitasti a venir.
Bar. Che brutto ceffo!

Sem-

Sembri un cospirator: che diamin sono
Quegli infausti apparati ?
Fig. Lo vedrete tra poco.
  In questo stesso loco.
  Celecrbrem la festa,
  De la mia sposa onesta,
  E del feudal signor - - -
Bas. Ah buono buono!
  Capisco come ell'è.
  (Accordati si son senza di me.)
Fig. Voi da questi contorni
  Non vi scostate: intento
  Io vadò a dar certi ordini
  E torno in pochi istanti:
  A un fischio mio correte tutti quanti.
      (partono tutti eccettuati Bart. e Bas.

SCENA VI.
Basilio e Bartolo.

Bas. Ha i diavoli nel corpo.
Bar. Ma cosa nacque ?
Bas. Nulla.
  Susanna piace al Conte, ella d'accordo
  Gli diè un appuntamento.
  Ch'a Figaro non piace.
Bart. E che dunque dovria soffrirlo in pace?
Bas. Quel che soffrono tanti

Ei soffrir non potrebbe? e poi sentite
Che guadagno può far? nel mondo,
                                amico,
L'accozzarla co' grandi
Fu pericolo ognora,
Dan novanta per cento, e han vinto anco-
                                        ra,

    In quegli anni, in cui val poco
      La mal pratica ragion,
      Ebbi anch'io lo stesso foco,
      Fui quel pazzo ch'or non son,
      Che col tempo, e co i perigli
      Donna flemma capitò,
      E i capricci, ed i puntigli
      Da la testa mi cavò.
    Presso un picciolo abituro
      Seco lei mi trasse un giorno,
      E spiccando giù dal muro
      Del pacifico soggiorno
      Una pelle di somaro,
      Prendi disse o figlio caro,
      Poi disparve, e mi lasciò,
    Mentre ancor tacito
      Guardo quel dono,
      Il ciel s'annuvola
      Rimbomba il tuono,
      Mista e la grandine
      Scroscia la piova,
      Ecco le membra
    Coprir mi giova   **Col**

Col manto d'asino
Che mi donò
Finisce il turbine.
Né fo due passi,
Che fiera orribile
Dianzi a me fassi:
Già già mi tocca
L'ingorda' bocca,
Giá di difendermi
Speme non ho,
Má il fiuto ignobile
Del mio vestito
Tolse a la belva
Si l'appetito
Che disprezzandomi
Si rinselvó,
Cosi conoscere
Mi fe la sorte
Ch'onte, pericoli
Vergogna, e morte
Col cuojo d'asino
Fuggir si può.   *Par*

SCENA VII.

Figaro solo.

Tutto é disposto: l'ora
Dovrebbe esser vicina; io sento gente = .
E' dessa = = non é alcun,, buja é la a notte = =

Ed io comincio ormai
A fare il scimunito
Mestiero di marito ...
Ingrata! nel momento
De la mia cerimonia ---
Ei godeva leggendo. e nel vederlo
Io rideva di me senza saperlo.
O Susanna, Susanna,
Quanta pena mi costi!
Con quell'ingenua faccia ---
Con quegli occhi inocenti ---
Chi creduto l'avria!
Ah che il fidarsi à Donna è ognor follia.

Aprite un po quegli occhi
Uomini incauti, e sciocchi,
Guardate queste femmine,
Guardate cosa son.
Queste chiamate Dee
Dagli ingannati sensi,
A cui tributa incensi
La debole ragion.
Son streghe che incantano
Per farci penar,
Sirene che cantano
Per farci affogar.
Civette che allettano
Per trarcide piume,
Comete che brillano
Per toglierci il lume;   Son

Son rofe fpinofe
Son volpi vezzofe,
Son orfe benigne,
Colombe maligne,
Maeftre d'inganni.
Amiche d'affanni
Che fingono, mentono,
Che amore non fentono
Non fenton pietà,
Il refto nol dico
Già ognuno lo fà.

SCENA VIII.

*Sufanna, la Conteffa, traveftite Marcelli-
na e Figaro.*

Suf. Signora ella mi diffe
Che Figaro verravvi.
Mar. Anzi é venuto;
Abbaffa un po la voce.
Suf. Dunque un ci afcolta. e l'altro
Dee venir a cercarmi,
Incominciam,
Mar, Io voglio qui celarmi. (*entra dove
entrò Barbarina.*

SCENV XI.
I Sudetti.

Sus. Madama voi tremate. avreſte freddo?
la Con Parmi umida la notte . - io mi ritiro.
Fig. Eccoci de la criſi al grande iſtante.
Suf. Io ſotto queſto p'ante   (*a parte*
  Se Madama il permette
  Reſto a prendere il freſco una mezz'ora
Fig. (Il freſco il freſco!)
la Con. Reſtaci in buon ora   (*ſi naſconde.*
Suf. Il birbo e in ſentinella
  Divertiamci anche noi.
  Diamogli la mercè de dubbj ſuoi.
     (*ſotto voce,*

Giunſe alfin il momento
Che godró ſenza affanno
In braccio a i' idol mio: timide cure,
Partite dal mio perto,
A turbar non venite il mio diletto.
Oh come par che l' amoroſo foco
L'amenità del loco
La terra, e il ciel riſponda!
Come la notte i furti miei ſeconda!

Deh vieni non tardar, o gioja bella,
 Vieni ove amore per goder t' appella,

       Fin*

Finche non fplende in ciel notturna face;
Finché l'aria é ancor bruna, e il mon-
do tace;
Qui mormora il rufcel, qui fcherza l'
aura.
Che col dolce fufurro il cor riftaura,
Qui ridono in fioretti, e l'erba é frefca
Ai piaceri d'amor qui tutto adefca.
Veni, ben mio, tra quefte piante afcofe
Ti vo la fronte incoronar di rofe.

S C E N A X.

I Sudetti, e poi Cherubino

Fg. Perfida! e in quella forma
Meco mentia? non fo s'io vegli, o dor-
me

Cher. La la la la la la la la lera
le Con. Il picciol paggio!
Cher. Io fento gente: entriamo
Ove entrò Barbarina:
Oh vedo qui una Donna!
la Con. Ahi me mefchina!
Cher. M'inganno; a quel cappello
Che ne l'ombra vegg'io parmi Sufanna!
a Con. E fe il Conte ora vien? forte tiranna!

SCENA

SCENA XI.

*La Conteßa Sußanna il Conte Cherubino,
Figaro,*

FINALE.

Cher. Pian pianin le andró più preßo,
    Tempo perso non farà.

la Con. Ah se il Conte arriva adeßo
    Qualche imbroglio accaderà.

Cher. Sufannetta - - - non risponde. -
    Colla mano il volto afconde - -
    Or la burlo inverità,   (*La pren-
    de per la mano, l' accarezza? la
    Conteßa cerca liberarsi.*

la Con. (Arditello, sfacciatello (*alterando*
    (Ite presto via di quá.   (*la voc'*

Cher. a2(Smorfiòfa maliziofa   (*a temp*
    (Io già fo perché fei quá,

il Con, Ecco qui la mia Sufanna.   (*Da lon-
    tano, in atteggiamento d'
    uno che guarda.*

Fig. a2(Ecco lí l'ucellattore (*Figaro e Suo*
Suf. a2((*lontani uno*

Cher. Non far meco la tiranna (*da l' altro.*

Suf. (Ah nel fen mi batte il core!

Fig. a3(

il Con. (Un altr' uom con lei fi fta.

la *Con.* Via partite, o chiamo gente,

Cher. Dammi un bacio, o non fai niente.

   (*Sempre tenendola per la mano.*

Fig. (

Suf. 83(A la voce, è quegli il paggio.

il *Con.* (

la *Con.* Anche un bacio! che coraggio!

Cher. E perché far io non poſſo

    Quel che il Conte or or farà?

Fig. (

Suf. (Temerario!

il *Con* ((*tutti da ſe.*

la *Con.* (

Cher. Oh ve' che ſmorfie!

    Sai ch'io fui i dietro il ſofà.

Fig. (

Suf. 84(Se il ribaldo ancor ſta ſaldo (*come*

la *Con.* (La faccenda guaſterà.   (*ſopra.*

il *Con.* (

Cher. Prendi intanto - - -   (*Il Paggio vuol*

       dare un bacio alla Conteſſa

       il Conte ſi mette in mezzo e

       riceve il bacio egli ſteſſo.

la *Con.* (O ciel! il Conte; (*il P. entra da*

Cher. ((*Barb.*

Fig. , Vo veder coſa fan là.   (*Il Cont.*

      vuol dare un ſchiaffo a Cherubino e

      Figaro in queſto s' appreſſa, e lo ri-

      ceve egli ſteſſo.   il *Con.*

il Con. Perchè voi nol ripetete

Ricevete questo quà.

Fig. (Ah! ci ho fatto un bel guadagno *par.*

a 3 (Con la miacuriofifità.

Suf. (Ah ci ha fatto un bel guadagno (*S. cb'*

la Co. (Con la fua temerità. (*ode lofchiafo ride.*

il Con.

SCENA XII.

Il Conte , Suf. Figaro , la Contefla.

il Con. Partito è alfin l' audace. (*alla Cont.*

Accoftati ben mio :

la Con. Giaché cofi vi piace .

Eccomi qui Signor.

Fig: Che compiacente femina!

Che fpofa di bon cor.

il Con. Porgimi la manina.

la Con. Io ve la do.

il Con. a 2 (Carina!

Fig.

il Con. Che dita tenerelle!

Che delicata pelle!

Mi pizzíca, mi ftuzzíca,

M'empie di un nuovo ardor,

Suf. (La cieca prevenzione

lo Con. a 3 (Delude la ragione

Fig. (Inganna i fenfi ognor.

il Con. Oltre la dote o cara,
  Ricevi anco un brillante.
  Che a te porge un amante
  In pegno del suo amor, (*le da un*

la Con. Tutto Susanna piglia,   (*anello.*
  Dal suo benefattor.

Fig.   (Va ciero a maraviglia!
il Con. a 3 (Ma il meglio manca ancor,
Suf.   (

la Con. Signor d' accese fiaccole,
  Io veggio il balenar, (*al Con.*

il Con. Entriam, mia bella Venere
  Andiamoci a celar.

Fig. a 2 (Mariti scimuniti,
Suf. a 2 (Venite ad imparar,

a Con. Al bujo Signor mio?

il Con. E quello che voglj io:
  Tu sai che la per leggere
  Io non desio d'entrar.

Fig. (La perfida lo seguita
a 3 (E vano il dubitar,
Suf. (I furbi sono in trappola:
la Con. (Cammina ben l' affar.

il Con. Chi passa?   (*Fig. passa, il Con-*
   te con voce alterata.

Fig. Passa gente.   *Fig. con rabbia.*

    G   *la Con.*

la Con, (E Figaro: men vò:
il Con. a2 (Andate! io poi verrò!   (il Con.
si disperde nel folto, la Contessa
entra a man destra.

SCENA XIII.

Figaro e Susanna.

Fig. Tutto è tranquillo e placido;
     Entrò la bella Venere;
     Col vago Marte prendere
     Nuovo Vulcan del secolo
     In rete lo porrò.

Sus. Ehi Figaro tacete   (con voce alt.

Fig. Oh questa è la Contessa.,.
     A tempo qui giungete...
     Vedrete la voi stessa..
     Il Conte, e la mia sposa.::.
     Di propria man la cosa
     Toccar io vi farò,

Sus. Parlate un po più basso.
     Di quà non muovo passo,
     Ma vendicar mi vo,   (Sus.si
     scorda di alterar la voce:

Fig. (Susanna!) vendicarsi?

Sus. Si

Fig. Come potria farsi?

(La volpe vuol forprendermi

Fig. (E fecondar la vo'

Suf. ª2 (L'iniquo io vo forprendere

(Poi fo quel che farò.

Fig. Ah fe Madama il vuole!

     (con comica affettazione.

Suf. Su via, manco parole.

Fig, Eccomi ai voftri piedi - - *(come fopra*

   Ho pieno il cor di foco - - -

   Efaminate il loco - - -

   Penfate al traditor.

   (Come la man mi pizzica

Suf. (Che fmania! che furor!

Fig. ª2 (Come il polmon mi fi altera!

   Che fmania! che calor!

Suf. E fenza alcun affetto? . . *(alteran-*

      do la voce un poco.

Fig. Suplifcavi il difpetto.

   Non perdiam tempo invano,

   Datemi un po la mano. . .

Suf. Servitevi, Signor *(gli dà uno fchiaffo,*

    parlando in voce naturale.

Fig. Che fchiaffo!

Suf. E ancora quefto,

   E quefto, e poi queft'altro.

Fig. Non batter cofi prefto.

Suf. E quefto Signor, fcaltro,

   E poi queft' altro ancor.

Fig.
Suf. a 2
(O fchiaffi graziofiffimi
(O mio felice amor!
(Impara impara o perfido,
(A fare il feduttor.

SCENA XIV.

I fudetti, poi il Conte.

Fig. Pace pace mio dolce tesoro;
          (Si mette inginocchio.
          Io conobbi la voce che adoro
          E che imprefsa ognor ferbo nel cor.
Suf. La mia voce?
          (ridendo e con forprefa.
Fig. La voce che adora:
Suf. a2 (Pace pace mio dolce tesoro,
Fig. (Pace pace mio tenero amor.
il Con. Non la trovo e girai tutto il bofco.
Suf. a2)Quefti é il Conte, a la voce il
Fig. (conofco,
il Con. Ehi Sufanna -- fei forda -- fei muta?
          (Parlando verfo la nicchia dove en-
          trò Mad. cui lapre egli ftefso.
Suf. Bella bella! non l' ha connofciuta!
Fig. Chi?
Suf. Madama.
Fig. Madama?
Suf. Madama.

Fin

Fig. a2 (La comedia idol mio, terminiamo,
Suf. a2 (Confoliamo il bizzarro amator.
Fig. Si, Madama, voi fiete il ben mio.

        (fi mette ai piedi di Suf.

il Con. La mia fpofa: — ah fenz' arme fon io!
Fg. Un riftoro al mio cor concedete.
Suf. Io fon qui faccio quel che volete.
il Con. Ah ribaldi!
Suf. a2 (Ah corriamo mio bene
Fig. a2 (E le pene compenfi il piacer *(van-
no verfo la nicchia a man manca*
il Con. Gente gente, a l'armi, a l'armi;
Fig. Il Padroe! fon perduto!   (*Sufan.
entra nella nicchia; Figaro finge
eccefliva paura.*
il Con. Gente gente, ajuto ajuto.

SCENA XV.

I fud. Antonio, Bafilio, *e Coro
con fiaccole accefe.*

Ant. a2 (
Baf. a2 (Cofa avvenne?
Coro (
il Con. Il fcellerato:

      M' ha tradito, m'ha infamato,
      E con chi ftate a veder.

Ant. Son ftordito, sbalordito.
Baf. Non mi par, che ciò fia ver.

                      Fig

Fig. Son ftorditi, sbalorditi;
       Oh che scena che piacer.

il Con. Invan resistere
       Ufcire Madama
       Il premio or avrete
       Di voftra oneftà.
       (*Il Conte tira pel braccio Cheru-
bino che fa forza per non forttire,
ne fi vede che per metà.*

il Con. Il Paggio!   (*dopo il Paggio efco-
no Barbarina Marcellina e Sufan-
na veftita cogli abiti della Conteffa,
fi tiene il fazzoletto fulla faccia, s'inginocchia a piedi del Conte.*

Ant. Mia figlia!
Fig. Mia Madre!
Tutti. Madama!
il Con. Scoperta é la trama
       La perfida è quá.

Suf. Perdono perdono.   (*fi-inginocchiano
tutti ad uno ad uno.*
il Con. No no non fperarlo.
Fig. Perdono perdono.
il Con. No no non vo darlo.
Tutti. Perdono perdonò
il Con. No no no no no.   (*con più forza.*

                           la Con.

la Con. Almeno io per loro
Perdono otterro!   (*esce la Con.*
*dall' altra nicchia e vuol ingi-
nocchiarsi, il Conte nol permette.*

il Con. (Oh Cielo! che veggio!

Baf. (Deliro   vaneggio!

Ant. (Che creder non so.

il Con (Conteffa perdono.   (*in tuon
fupplicche vole.*

la Con. Più docile io fono
E dico di sí.

Tutti. Ah tutti contènti
Saremo cosi.

Questo giorno di tormenti;
Di capricci, e di follia
In contenti, e in allegria
Solo amor può terminar.

Spofi, amici, al ballo, al gioco,
Alle mine dete foco,
Ed al fuon di lieta marcia
Coriam tutti a fefteggiar.

FINE DELL' OPERA.